W0051685

MEIN BLAUES KLAVIER

Else Lasker-Schüler

Mein blaues Klavier

Mit Bildern von Lieselotte Schwarz

Büchergilde Gutenberg

Meinen unvergessenen Freunden und Freundinnen
in den Städten Deutschlands – und denen,
die wie ich vertrieben und nun zerstreut in der Welt,
in Treue!

AN MEINE FREUNDE

Nicht die tote Ruhe –
Bin nach einer stillen Nacht schon ausgeruht.
Oh, ich atme Geschlafenes aus,
Den Mond noch wiegend
Zwischen meinen Lippen.

Nicht den Todesschlaf –
Schon im Gespräch mit euch
Himmlisch Konzert .....
Und neu Leben anstimmt
In meinem Herzen.

Nicht der Überlebenden schwarzer Schritt!
Zertretene Schlummer zersplittern den Morgen.
Hinter Wolken verschleierte Sterne
Über Mittag versteckt –
So immer wieder neu uns finden.

In meinem Elternhause nun
Wohnt der Engel Gabriel .....
Ich möchte innig dort mit euch
Selige Ruhe in einem Fest feiern –
Sich die Liebe mischt mit unserem Wort.

Aus mannigfaltigem Abschied
Steigen aneinandergeschmiegt die goldenen Staubfäden,
Und nicht ein Tag ungesüßt bleibt

Zwischen wehmütigem Kuß
Und Wiedersehn!

Nicht die tote Ruhe –
So ich liebe im Odem sein .....!
Auf Erden mit euch im Himmel schon.
Allfarbig malen auf blauem Grund
Das ewige Leben.

Meine Mutter

Es brennt die Kerze auf meinem Tisch
Für meine Mutter die ganze Nacht –
Für meine Mutter . . . . .

Mein Herz brennt unter dem Schulterblatt
Die ganze Nacht
Für meine Mutter . . . . .

JERUSALEM

Gott baute aus Seinem Rückgrat: Palästina
aus einem einzigen Knochen: Jerusalem.

Ich wandele wie durch Mausoleen –
Versteint ist unsere Heilige Stadt.
Es ruhen Steine in den Betten ihrer toten Seen
Statt Wasserseiden, die da spielten: Kommen und Vergehen.

Es starren Gründe hart den Wanderer an –
Und er versinkt in ihre starren Nächte.
Ich habe Angst, die ich nicht überwältigen kann.

Wenn du doch kämest .....
Im lichten Alpenmantel eingehüllt –
Und meines Tages Dämmerstunde nähmest –
Mein Arm umrahmte dich, ein hilfreich Heiligenbild.

Wie einst wenn ich im Dunkel meines Herzens litt –
Da deine Augen beide: blaue Wolken.
Sie nahmen mich aus meinem Trübsinn mit.

Wenn du doch kämest –
In das Land der Ahnen –
Du würdest wie ein Kindlein mich ermahnen:
Jerusalem – erfahre Auferstehen!

Es grüßen uns
Des »Einzigen Gottes« lebendige Fahnen,
Grünende Hände, die des Lebens Odem säen.

AN MEIN KIND

Immer wieder wirst du mir
Im scheidenden Jahre sterben, mein Kind,

Wenn das Laub zerfließt
Und die Zweige schmal werden.

Mit den roten Rosen
Hast du den Tod bitter gekostet,

Nicht ein einziges welkendes Pochen
Blieb dir erspart.

Darum weine ich sehr, ewiglich .....
In der Nacht meines Herzens.

Noch seufzen aus mir die Schlummerlieder,
Die dich in den Todesschlaf schluchzten,

Und meine Augen wenden sich nicht mehr
Der Welt zu;

Das Grün des Laubes tut ihnen weh.
– Aber der Ewige wohnt in mir.

Die Liebe zu dir ist das Bildnis,
Das man sich von Gott machen darf.

Ich sah auch die Engel im Weinen,
Im Wind und im Schneeregen.

Sie schwebten . . . .
In einer himmlischen Luft.

Wenn der Mond in Blüte steht
Gleicht er deinem Leben, mein Kind.

Und ich mag nicht hinsehen
Wie der lichtspendende Falter sorglos dahinschwebt.

Nie ahnte ich den Tod
– Spüren um dich, mein Kind –

Und ich liebe des Zimmers Wände,
Die ich bemale mit deinem Knabenantlitz.

Die Sterne, die in diesem Monat
So viele sprühend ins Leben fallen,
Tropfen schwer auf mein Herz.

MEIN BLAUES KLAVIER

Ich habe zu Hause ein blaues Klavier
Und kenne doch keine Note.

Es steht im Dunkel der Kellertür,
Seitdem die Welt verrohte.

Es spielen Sternenhände vier
– Die Mondfrau sang im Boote –
Nun tanzen die Ratten im Geklirr.

Zerbrochen ist die Klaviatür .....
Ich beweine die blaue Tote.

Ach liebe Engel öffnet mir
– Ich aß vom bitteren Brote –
Mir lebend schon die Himmelstür –
Auch wider dem Verbote.

GEBET

Oh Gott, ich bin voll Traurigkeit . . . . .
Nimm mein Herz in deine Hände –
Bis der Abend geht zu Ende
In steter Wiederkehr der Zeit.

Oh Gott, ich bin so müd, oh, Gott,
Der Wolkenmann und seine Frau
Sie spielen mit mir himmelblau
Im Sommer immer, lieber Gott.

Und glaube unserm Monde, Gott,
Denn er umhüllte mich mit Schein,
Als wär ich hilflos noch und klein,
– Ein Flämmchen Seele.

Oh Gott und ist sie auch voll Fehle –
Nimm sie still in deine Hände . . . . .
Damit sie leuchtend in dir ende.

Über glitzernden Kies

Könnt ich nach Haus –
Die Lichte gehen aus –
Erlischt ihr letzter Gruß.

Wo soll ich hin?
Oh Mutter mein, weißt du's?
Auch unser Garten ist gestorben! . . . . .

Es liegt ein grauer Nelkenstrauß
Im Winkel wo im Elternhaus.
Er hatte große Sorgfalt sich erworben.

Umkränzte das Willkommen an den Toren
Und gab sich ganz in seiner Farbe aus.
Oh liebe Mutter! . . . . .

Versprühte Abendrot
Am Morgen weiche Sehnsucht aus
Bevor die Welt in Schmach und Not.

Ich habe keine Schwestern mehr und keine Brüder.
Der Winter spielte mit dem Tode in den Nestern
Und Reif erstarrte alle Liebeslieder.

OUVERTÜRE

Wir trennten uns im Vorspiele der Liebe . . . . .
An meinem Herzen glitzerte noch hell dein Wort,
Und still verklangen wir im Stadtgetriebe,
Im Abendschleier der Septembertrübe
In einem schluchzenden Akkord.
Doch in der kurzen Liebesouvertüre
Entschwanden wir von dieser Erde fort
Durch Paradiese bis zur Himmelstüre –
Und es bedurfte nicht der ewigen Liebesschwüre
Und nicht der Küsse blauer Zaubermord.
Und meiden doch seitdem uns wie zwei Diebe!
Und nur geheim betreten wir den Ort,
Wo uns vergoldete die Liebe.
Bewahren wir sie, daß sie nicht erfriere
Oder im Alltag blinder Lust verdorrt.
Ich weinte bitterlich wenn ich es einst erführe –

An Mill

Es tanzen Schatten in den dunkelgrünen Bäumen,
Die du so liebst, elf deiner guten Feen,
Die treu dein Haus und dich, du Rauschender, betreuen.

Wir leben lange schon im höheren Geschehen – –
Schneeweißer Damast liegt auf allen Seen
Aus Zauberseide wie in meinen Reimen.
Von einem jähen Hauche – kann der Vers verwehen.

Es gilt den Augenblick der Liebe zu vernehmen,
Da Heimat gegenseitig wir im Auge sehen.
Am Hange unserer Liebe süßes Schemen,
Erblüht die Königin der Nacht aus den Kakteen.

Schwer in den Wolkenbergen, die weich träumen,
Taumelt von Sternenrebenperlenüberschäumen
Der trunkne goldne Winzer und beleuchtet die Alleen.

Es kommt der Abend

Es kommt der Abend und ich tauche in die Sterne,
Daß ich den Weg zur Heimat im Gemüte nicht verlerne
Umflorte sich auch längst mein armes Land.

Es ruhen unsere Herzen liebverwandt,
Gepaart in einer Schale:
Weiße Mandelkerne –

..... Ich weiß, du hältst wie früher meine Hand
Verwunschen in der Ewigkeit der Ferne .....
Ach meine Seele rauschte, als dein Mund es mir gestand.

Die Tänzerin Wally

Sie wandelt an den Nachmittagen
Durch ihrer Gartengänge grüne Heiligensagen
Von frommer Dämmerung ins Himmelreich getragen.

Die Bibelfrauen: ihre Feen . . . . .
Sie hört wie sie vom Leiden der Propheten klagen,
Die schon im Weltenanfang sahn die Welt verwehen.

Sie aber lernte auf den Spitzen ihrer Füße stehen
Von den Zypressen, die das Weltenende überragen.
Zu einem sanften Tanze hebt sich leicht ihr Gehen.

Zwei weiße Schäferhunde folgen ihrem Wagen,
Erzählen ihre Gliederweisen uns vom höheren Geschehen.

ABENDZEIT

Erblaßt ist meine Lebenslust – . . . . .
Ich fiel so einsam auf die Erde,
Von wo ich kam hat nie ein Mensch gewußt,
– Nur du, da ich vereint einst mit dir werde.

Ich bin von Meeresbuchten weit umstellt,
Jedwedes Ding erlebe ich im Schaume.
Der Mensch, der feindlich mich ereilt, zerschellt!
Und ich weiß nur von ihm im Traume.

Und so erlebe ich die Schöpfung dieser Welt,
Auf Erden schon entkommen ihrer Schale.
Und du der Stern, der hoch vom Himmel fällt,
Vergräbt sich tief in meines Herzens Tale.

Die Abendzeit verdüstert sehr mein Blut –
Durchädert qualvoll meine müde Seele.
Nackt steigt sie wieder aus der vorweltlichen Flut
Und bangt, daß sie verkörpert hier auf Erden fehle.

Und was der Tag, noch ehe er erwacht,
Versäumte morgenrötlich zu erleben,
Reicht ihm das träumerische Bilderspiel der Nacht
In lauter bunterlei Geweben.

Es bringen ferne Hände mir nach Haus
Aus gelben Sicheln einen frommen Strauß.
Der Zeiger wandelt leise um das Zifferblatt
Der Sonnenuhr, die Gold von meinem Leben hat.

Sie glüht vom Pochen überwacht
Und läutet zwischen Nacht und Mitternacht .....
Da wir uns sahen in der rätselhaften Stunde –
Dein Mund blüht tausendschön auf meinem Munde.

All meine Lebenslust entfloh
Im dunkelen Gewande mit der Abendzeit.
Ich suchte unaufhörlich einen Himmel wo .....
Nur in der Offenbarung ist der Weg zu ihm nicht weit.

Die Verscheuchte

Es ist der Tag im Nebel völlig eingehüllt,
Entseelt begegnen alle Welten sich –
Kaum hingezeichnet wie auf einem Schattenbild.

Wie lange war kein Herz zu meinem mild .....
Die Welt erkaltete, der Mensch verblich.
– Komm bete mit mir – denn Gott tröstet mich.

Wo weilt der Odem, der aus meinem Leben wich?
Ich streife heimatlos zusammen mit dem Wild
Durch bleiche Zeiten träumend – ja ich liebte dich .....

Wo soll ich hin, wenn kalt der Nordsturm brüllt?
Die scheuen Tiere aus der Landschaft wagen sich
Und ich vor deine Tür, ein Bündel Wegerich.

Bald haben Tränen alle Himmel weggespült,
An deren Kelchen Dichter ihren Durst gestillt –
Auch du und ich.

Ich liege wo am Wegrand

Ich liege wo am Wegrand übermattet –
Und über mir die finstere kalte Nacht –
Und zähl schon zu den Toten längst bestattet.

Wo soll ich auch noch hin – von Grauen überschattet –
Die ich vom Monde euch mit Liedern still bedacht
Und weite Himmel blauvertausendfacht.

Die heilige Liebe, die ihr blind zertratet,
Ist Gottes Ebenbild . . . . !
Fahrlässig umgebracht.

Darum auch lebten du und ich in einem Schacht!
Und – doch im Paradiese trunken blumumblattet.

ERGRAUT KOMMT SEINE KLEINE WELT ZURÜCK

In meinem Herzen spielen Paradiese .....
Ich aber kehre aus versunkenem Glück
In eine Welt trostlosester Entblätterung zurück.

Ein Grübchen lächelt ahnungslos aus einer Wiese,
Ein Bach, doch auf dem Grunde dürstet sein Geschick.

Ich leide sehr um sein verflüchtend Glück –
Darum ich mich des Tauchens heller Lust verschließe.

Aus meinem Herzen fallen letzte Grüße
Vom Lebensfaden ab – dir schenk ich diese.

Die Sonne heftet im Kristall der Kiese
Noch scheidend ihren goldenen Augenblick.

Gott weint ..... ergraut kommt seine kleine Welt zurück,
Die Er in Seiner Schöpfung schnitt aus himmlischem Türkise.

Es lehren Flügelmenschen, die des Wegs ein Stück
Mich, meines Amtes wegen, stärken und begießen –
Und wieder jenseits in die Lüfte fließen:
Daß ich für – unerfüllte Gottesweisung – büße.

Hingabe

Ich sehe mir die Bilderreihen der Wolken an,
Bis sie zerfließen und enthüllen ihre blaue Bahn.

Ich schwebte einsamlich die Welten all hinan,
Entzifferte die Sternoglyphen und die Mondeszeichen um den Mann.

Und fragte selbst mich scheu, ob oder wann
Ich einst geboren wurde und gestorben dann?

Mit einem Kleid aus Zweifel war ich angetan,
Das greises Leid geweiht für mich am Zeitrad spann.

Und jedes Bild, das ich von dieser Welt gewann,
Verlor ich doppelt, und auch das was ich ersann.

HERBST

Ich pflücke mir am Weg das letzte Tausendschön .....
Es kam ein Engel mir mein Totenkleid zu nähen –
Denn ich muß andere Welten weiter tragen.

Das ewige Leben *dem*, der viel von Liebe weiß zu sagen.
Ein Mensch der *Liebe* kann nur auferstehen!
Haß schachtelt ein! wie hoch die Fackel auch mag schlagen.

Ich will dir viel viel Liebe sagen –
Wenn auch schon kühle Winde wehen,
In Wirbeln sich um Bäume drehen,
Um Herzen, die in ihren Wiegen lagen.

Mir ist auf Erden weh geschehen .....
Der Mond gibt Antwort dir auf deine Fragen.
Er sah verhängt mich auch an Tagen,
Die zaghaft ich beging auf Zehen.

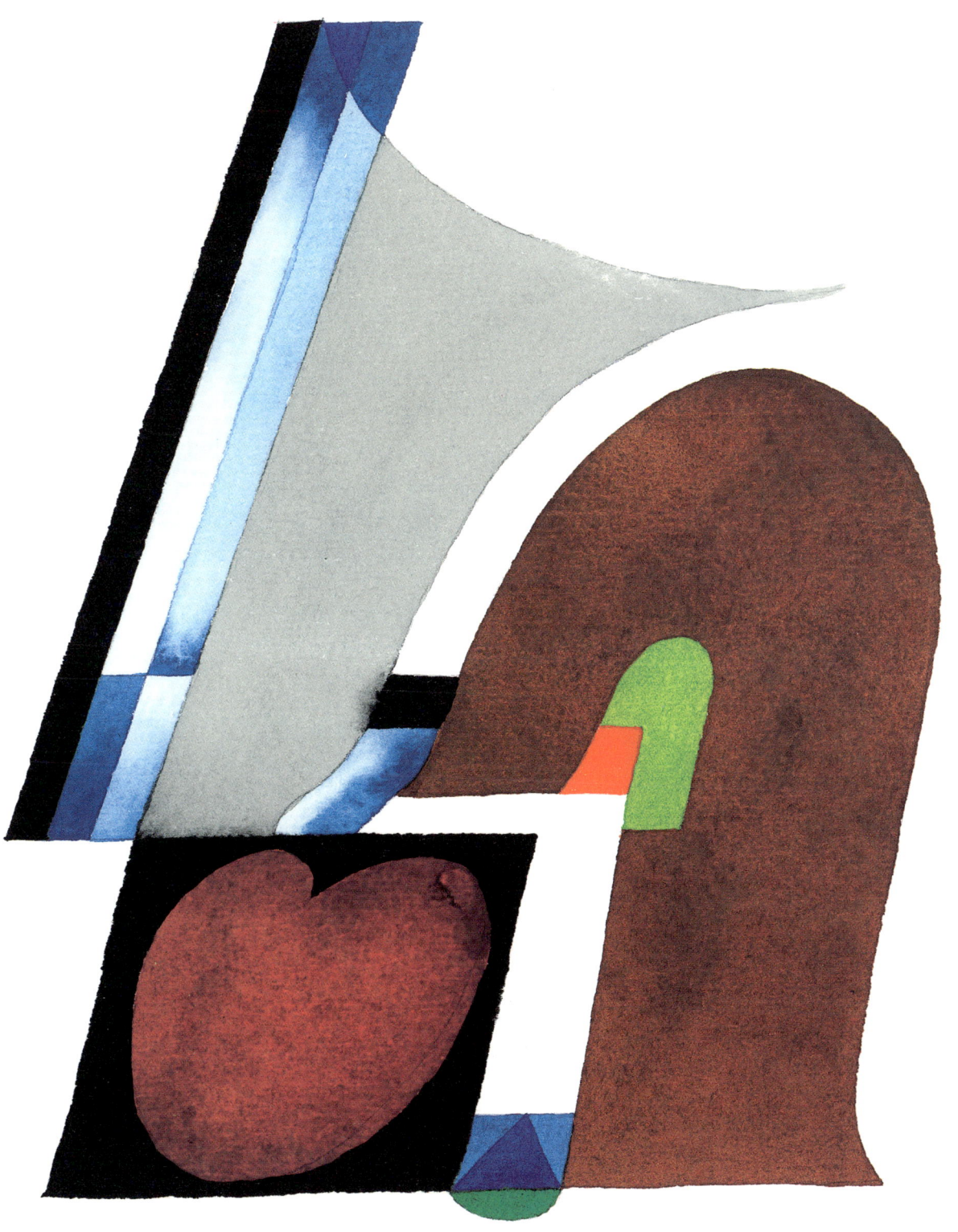

ICH WEISS

Ich weiß, daß ich bald sterben muß
Es leuchten doch alle Bäume
Nach langersehntem Julikuß –

Fahl werden meine Träume –
Nie dichtete ich einen trüberen Schluß
In den Büchern meiner Reime.

Eine Blume brichst du mir zum Gruß –
Ich liebte sie schon im Keime.
Doch ich weiß, daß ich bald sterben muß.

Mein Odem schwebt über Gottes Fluß –
Ich setze leise meinen Fuß
Auf den Pfad zum ewigen Heime.

Die Dämmerung naht

Die Dämmerung naht – im Sterben liegt der Tag . . . . .
Sein Schatten deckt mich zu, der kühl auf einem Blatte lag,
Auf seinen roten Beeren.

Ich baute uns ein Himmelreich, dir unantastbar zu gehören
– Das an den Riffen deiner Herzensnacht zerbrach.

Die Vögel singen, und vom Nachtigallenschlag
Erzittert noch mein Bild am Wald im Bach.
Dir will ich es verehren –

Die Dämmerung naht, im Sterben liegt der Tag.

MEIN HERZ RUHT MÜDE

Mein Herz ruht müde
Auf dem Samt der Nacht
Und Sterne legen sich auf meine Augenlide . . . . .

Ich fließe Silbertöne der Etüde – – –
Und bin nicht mehr und doch vertausendfacht.
Und breite über unsere Erde: Friede.

Ich habe meines Lebens Schlußakkord vollbracht –
Bin still verschieden – wie es Gott in mir erdacht:
Ein Psalm erlösender – damit die Welt ihn übe.

AN IHN

ABENDS

Auf einmal mußte ich singen –
Und ich wußte nicht warum?
– Doch abends weinte ich bitterlich.

Es stieg aus allen Dingen
Ein Schmerz, und der ging um
– Und legte sich auf mich.

Dem Verklärten

Ach bitter und karg war mein Brot,
Verblichen –
Das Gold meiner Wangen Bernstein.

In die Höhlen schleiche ich
Mit den Pantern
In der Nacht.

So bange mir in der Dämmerung Weh .....
Legen sich auch schlafen
Die Sterne auf meine Hand.

Du staunst über ihr Leuchten –
Doch fremd dir die Not
Meiner Einsamkeit.

Es erbarmen sich auf den Gassen
Die wilden Tiere meiner.
Ihr Heulen endet in Liebesklängen.

Du aber wandelst entkommen dem Irdischen
Um den Sinai lächelnd verklärt –
Fremdfern vorüber meiner Welt.

UND

Und hast mein Herz verschmäht –
In die Himmel wärs geschwebt
Selig aus dem engen Zimmer!

Wenn der Mond spazieren geht,
Hör ichs pochen immer
Oft bis spät.

Aus Silberfäden zart gedreht
Mein weiß Gerät –
Trüb nun sein Schimmer.

SO LANGE IST ES HER . . . . .

Ich träume so fern dieser Erde
Als ob ich gestorben wär
Und nicht mehr verkörpert werde.

Im Marmor deiner Gebärde
Erinnert mein Leben sich näher
Doch ich weiß die Wege nicht mehr.

Nun hüllt die glitzernde Sphäre
Im Demantkleide mich schwer.
Ich aber greife ins Leere.

EIN LIEBESLIED

Komm zu mir in der Nacht – wir schlafen engverschlungen.
Müde bin ich sehr, vom Wachen einsam.
Ein fremder Vogel hat in dunkler Frühe schon gesungen,
Als noch mein Traum mit sich und mir gerungen.

Es öffnen Blumen sich vor allen Quellen
Und färben sich mit deiner Augen Immortellen . . . . .

Komm zu mir in der Nacht auf Siebensternenschuhen
Und Liebe eingehüllt spät in mein Zelt.
Es steigen Monde aus verstaubten Himmelstruhen.

Wir wollen wie zwei seltene Tiere liebesruhen
Im hohen Rohre hinter dieser Welt.

46

Ihm eine Hymne

Ich lausche seiner Lehre,
Als ob ich vom Jenseits höre
Sprechen die Abendröte.

Es kommen Dichter mit Gaben
Zu ihm aus ihren Sternen
Vom »Alleinigen Gott« zu lernen.

Aus ihren Marmorbrüchen
Schenkten ihm die Griechen
Das Lächeln des Apolls.

Die Körper, die ihrer Seele
Die Pforte geöffnet haben,
Werden Engel aus Rosenholz.

Ich erinnere mich meiner näher
In seinem heiligen Schwang.
Hört mich der holde Seher –
..... Schluchzen in seinem Gesang

Im Ewigen Jerusalem-Eden,
Tröstet sein Wort Jedweden
Fern überhebendem Stolz.

Im Tempelschall seiner Gebete,
Zwischen leuchtendem Kerzengeräte,
Schlürft meine Seele seinen Gesang.

..... Doch oben im Dämmermoose
Welkt ergeben die Himmelsrose
– Da er ihr Herz verschmähte.

ICH LIEBE DICH .....

Ich liebe dich
Und finde dich
Wenn auch der Tag ganz dunkel wird.

Mein Lebelang
Und immer noch
Bin suchend ich umhergeirrt.

Ich liebe dich!
Ich liebe dich!
Ich liebe dich!

Es öffnen deine Lippen sich .....
Die Welt ist taub,
Die Welt ist blind

Und auch die Wolke
Und das Laub –
– Nur wir, der goldene Staub
Aus dem wir zwei bereitet:
– Sind!

IN MEINEM SCHOSSE

In meinem Schoße
Schlafen die dunkelen Wolken –
Darum bin ich so traurig, du Holdester.

Ich muß deinen Namen rufen
Mit der Stimme des Paradiesvogels
Wenn sich meine Lippen bunt färben.

Es schlafen schon alle Bäume im Garten –
Auch der nimmermüde
Vor meinem Fenster –

Es rauscht der Flügel des Geiers
Und trägt mich durch die Lüfte
Bis über dein Haus.

Meine Arme legen sich um deine Hüften,
Mich zu spiegeln
In deines Leibes Verklärtheit.

Lösche mein Herz nicht aus –
Du den Weg findest –
Immerdar.

Dem Holden

Ich taumele über deines Leibes goldene Wiese,
Es glitzern auf dem Liebespfade hin die Demantkiese
Und auch zu meinem Schoße
Führen bunterlei Türkise.

Ich suchte ewig dich – es bluten meine Füße –
Ich löschte meinen Durst mit deines Lächelns Süße.
Und fürchte doch, daß sich das Tor
Des Traumes schließe.

Ich sende dir, eh ich ein Tropfen frühes Licht genieße,
In blauer Wolke eingehüllte Grüße
Und von der Lippe abgepflückte eben erst erblühte Küsse.
Bevor ich schwärmend in den Morgen fließe.

Die Unvollendete

Es ist so dunkel heut am Heiligen Himmel . . . . .
Ich und die Abendwolken suchen nach dem Mond –
Wo beide wir einst vor dem Erdenleben,
Schon nahe seiner Leuchtewelt gewohnt.

Darum möcht ich mit dir mich unlösbar verweben –
Ich hab so Angst um Mitternacht!
Es schreckt ein Traum mich aus vergangenem Leben
An den ich gar nicht mehr gedacht.

Ich pflückte mir so gern nach banger Nacht
Vom Berg der Frühe lichtgefüllte Reben.
Doch hat die Finsternis mich umgebracht –
Geopfert deinem Wunderleben.

Und es verblutet, was du mir,
Ich dir gegeben,
Und auch das bunte Sternenzeichen
Unserer engverknüpften Hand,
Das Pfand!!

Und neben mir und dein –
Auf meinem Herzen süßgemalt enthobnem Sein
– Tröstet mich ein Fremder übermannt.

Ihm mangelt an der Ouvertüre süßem Tand
Streichelnder Flüsterspiele seiner Triebe,
Verherrlichend den keuschen Liebeskelch der Liebe.

AN APOLLON

Es ist am Abend im April.
Der Käfer kriecht ins dichte Moos.
Er hat *so* Angst – die Welt *so* groß!

Die Wirbelwinde hadern mit dem Leben,
Ich halte meine Hände still ergeben
Auf meinem frommbezwungenen Schoß.

Ein Engel spielte sanft auf blauen Tasten,
Langher verklungene Phantasie.
Und alle Bürde meiner Lasten
Verklärte und entschwerte sie.

Jäh tut mein sehr verwaistes Herz mir weh –
Blutige Fäden spalten seine Stille.
Zwei Augen blicken wund durch ihre Marmorhülle
In meines pochenden Granates See.

Er legte Brand an meines Herzens Lande –
Nicht mal sein Götterlächeln
Ließ er mir zum Pfande.

ICH SÄUME LIEBENTLANG

Ich säume liebentlang durchs Morgenlicht,
Längst lebe ich vergessen – im Gedicht.
Du hast es einmal mir gesprochen.

Ich weiß den Anfang –
Weiter weiß ich von mir nicht.
Doch hörte ich mich schluchzen im Gesang.

Es lächelten die Immortellen hold in deinem Angesicht,
Als du im Liebespsalme unserer Melodie
Die Völker tauchtest und erhobest sie.

AN MICH

Meine Dichtungen, deklamiert, verstimmen die Klaviatür meines Herzens. Wenn es noch Kinder wären, die auf meinen Reimen tastend meinetwegen klimperten. (Bitte nicht weitersagen!) Ich sitze noch heute sitzengeblieben auf der untersten Bank der Schulklasse, wie einst..... Doch mit spätem versunkenem Herzen: 1000 und 2-jährig, dem Märchen über den Kopf gewachsen.

Ich schweife umher! Mein Kopf fliegt fort wie ein Vogel, liebe Mutter. Meine Freiheit soll mir niemand rauben, – sterb ich am Wegrand wo, liebe Mutter, kommst du und trägst mich hinauf zum blauen Himmel. Ich weiß, dich rührte mein einsames Schweben und das spielende Ticktack meines und meines teuren Kindes Herzens.

Biographische Aufzeichnungen und Dokumente

Mitte Mai 1937 begann es bei mir Karten und Briefe [jeder ein Kunstwerk an Wort und Bild und ein Irrgarten der Schrift] zu regnen. Else Lasker-Schüler, »Jussuf, der Prinz von Theben«, rüstete zur Fahrt ins Bibelland. Diese Fahrt war eigentlich eine Wiederkunft, denn schon 1934 war die Dichterin in Palästina gewesen, und nun lag bereits ihr phantastisch-bunter Reisebericht »Das Hebräerland« vor. Wir – meine Frau und ich und ein kleiner Freundeskreis – freuten uns herzlich, Else Lasker-Schüler bald in den Mauern Jerusalems, der heiß geliebten Urheimat ihrer »Hebräischen Balladen«, empfangen zu dürfen.

Wir dankten dem großzügigen »Lloyd Triestino«, der Prinz Jussuf eingeladen hatte, auf einem Schiffe der Gesellschaft wieder in das geliebte Hebräerland zu reisen, aber es gab noch allerlei zu erledigen, um die Ankunft im Lande zu ermöglichen, und mir fiel das Amt zu, bei der Jewish Agency, dem Rektor der hebräischen Universität und da und dort alles Nötige zu bestellen. Die »geflügelten Boten« der Luftpost eilten zwischen Jerusalem und Zürich [dem damaligen Wohnorte der Dichterin] in verschwenderischem Maße hin und wieder, und endlich, am 16. Juni 1937, war Prinz Jussuf da.

Ihre Ankunft mußte geheimgehalten werden, denn Else Lasker-Schüler hatte beschlossen, ihre Freunde und Bekannten zu überraschen, ja sie wollte sogar bei einigen zur Essenszeit zum Fenster hereinklettern, um die Überraschung noch zu erhöhen, »denn ich bin 'n Tiger«, erläuterte sie ihr Vorhaben.

Gegen Abend kam ich ins Hotel Vienna, in dem die Dichterin abgestiegen war. Ich muß gestehen, daß der erste persönliche Eindruck der Frau, deren Verse ich tief verehre, ein erschütternder war. Ein müder Mensch, dessen Antlitz von zerstörter Schönheit zeugte und in dessen großen schwarzen Sulamith-Augen der

Wahnsinn aufloderte, saß mir gegenüber. Es war eigentlich kein Sitzen, sondern mehr ein Kauern. Ich wurde stark an wahrsagende Zigeunerinnen erinnert, ja dieser Eindruck wurde durch die exzentrische Kleidung der Frau – Pelzmütze im drückend-heißen Sommer und übergroße korallrote Ohrringe – noch erhöht.

Etwas Müdes, Gehetztes, von namenloser Furcht Getriebenes beherrschte diese [kein anderes Wort ist hier tauglich] gequälte Kreatur. Wie ein gefangenes Tier rannte sie in dem engen, ungemütlichen Hotelzimmer auf und nieder, bejammerte hemmungslos die Kargheit dieses Raumes, wies aber meinen Vorschlag, in ein anderes Hotel, oder noch besser in eine wohnliche Pension umzuziehen, mit Entrüstung, ja geradezu mit Erbitterung zurück.

»Herr Korin« [sie sagte nie anders zu mir], flehte sie mich an, »ich beschwöre Sie, sagen Sie nichts zu den Wirtsleuten ... sie sind ja so lieb zu mir gewesen. Überhaupt, ich kann es nicht ertragen, wenn man mir helfen will. Die Leute meinen immer, der Dichter brauche Hilfe, aber das stimmt nicht: wir Dichter sind doch immer die Klügeren und behalten zum Schluß gegen die Bürger recht.«

Am aufgebrachtesten war sie aber gegen das sogenannte »Rescheth« [Mückennetz] vor ihrem Fenster. Sie mutmaßte, man habe diese nützliche Vorrichtung ihr zum Ärgernis angebracht und nur unter Aufbietung meiner ganzen rhetorischen Fähigkeiten gelang es mir, sie davon abzuhalten, das Drahtnetz mit einer kleinen Schere zu zerstören.

Ich schrieb die sonderbare Erregtheit, welche die Dichterin bei dieser ersten Begegnung beherrschte, den Strapazen der Reise zu und empfahl mich, sobald es ging. Aber es ging nicht bald. Sie hatte zuweilen panische Angst vor dem Alleinsein und bat mich geradezu flehentlich, sie nicht zu verlassen.

Als wir uns anderen Tages in einem Café trafen, war sie wesentlich aufgeräumter als tags zuvor. Sie liebte es nicht, über Dinge der Kunst zu reden, ihre Leidenschaft gehörte – einge-

standenermaßen – der Politik. Und so kam das Gespräch auf die
gespannte Lage, die in diesen Sommertagen blutiger Unruhen
Palästina beherrschte.

»Wissen Sie, wer hier Präsident werden sollte?!« fragte sie,
plötzlich das Gespräch unterbrechend, und ohne eine Antwort
abzuwarten, gab sie sie selbst: »Fritz von Unruh!« Ich war eini-
germaßen erstaunt, den großen rheinischen Dramatiker als Prä-
sidenten des Heiligen Landes kandidieren zu sehen. Aber die
Dichterin ließ sich nicht beirren.

»Ja, Unruh wäre der Richtige«, sagte sie, »der könnte schon
mit den Arabern reden … er hat es mir auch selbst in Padua ge-
sagt, daß ich hier einmal das Terrain für ihn sondieren soll.«
Meinen scherzhaften Einwand gegen ihren Präsidentschaftskan-
didaten, daß wir in Palästina seit Jahren »Unruh« genug hätten,
wies sie ärgerlich zurück. Sie war sichtlich gekränkt, daß ich den
Vorschlag nicht ernst genug nahm.

Nachdem wir uns darüber verständigt hatten, daß ich dort
wohnte, »wo die wilden Juden in den schwarzen Zelten hausen«
[sie meinte ein Beduinenlager], kam sie am 27. Juni zu uns zum
Abendbrot. Ich hatte ihr schriftlich ihre Lieblingsspeise, Schoko-
ladenpudding mit Himbeersauce, zugesagt, und es wurde ein Fest.
Wie ein Schulmädchen konnte sie lachen und die tollsten Strei-
che erfinden. So beschlossen wir, an diesem Abend eine »Räuber-
höhle« in dem wohlhabenden Stadtteil Rechavia zu gründen und
zwei Professoren der Universität, die einander spinnefeind waren,
fingierte Einladungen zuzusenden, so als lüde einer den anderen
zu sich zum Tee ein. Als wir später in meinem Zimmer beim
Kaffee saßen und ihr Blick auf das schöne Bildnis Stefan Georges
von der Hand Curt Stoevings fiel, erzählte sie von ihrer ersten
und einzigen Begegnung mit dem Meister. In Berlin war es um
die Jahrhundertwende, als sie dem Manne, der wie ein nordischer
König aus den Sagas durch die laute Stadt ging, auf der Straße
begegnete. Zufällig trug Else Lasker-Schüler eine Blume in der

Hand, und so trat sie auf den stillen Mann im schwarzen, priester-
lichen Rock zu und überreichte ihm wortlos die Blume. Dann
erst sagte sie: »Ich bin Joseph von Ägypten.« George nahm die
Blume der Huldigung an, lächelte ihr zu und verschwand im Ge-
wühl der Straße.

Noch einmal trat sie in den Bannkreis Georges. Das war in
München, als sie verkleidet als Joseph von Ägypten [ihre Lieb-
lingsmaske] bei Karl Wolfskehl erschien, aber auf Zehenspitzen
– und durch die Küche – wieder gehen mußte, weil der Meister
schlief.

Von der zeitgenössischen deutschen Literatur pflegte sie übri-
gens zu sagen: »Ich kenne die Leute doch alle – wozu soll ich
noch ihre Bücher lesen?« Sie kannte tatsächlich alle. Auch Ger-
hart Hauptmann, der ihr gram war, weil sie zu ihm sagte: »Sie
sehen aus wie die Großmutter von Goethe ... «

Es wäre unwahr zu sagen, daß sich Else Lasker-Schüler während
ihres Aufenthaltes in Jerusalem wohl fühlte. Vergeblich suchte
sie in den Straßen der neuen Stadt [die Altstadt war aus Sicher-
heitsgründen nur selten zu besuchen] das Jerusalem ihrer Träume
und Verse. Die Geschäftigkeit der Menschen stieß sie ab, und sie
war unglücklich, in der Urheimat ihrer traumöstlichen Dichtung
auf sehr wenig Verständnis zu stoßen.

Eines Tages erhielt ich eine Karte von ihr, in der sie mich bat,
sie noch am Abend im Hotel aufzusuchen, sie habe dringende
politische Projekte mit mir zu besprechen. Da ich aber für den
Abend schon verabredet war, kam ich am Spätnachmittag ins
Hotel, um mich zu entschuldigen. Sie war tief unglücklich über
meine Absage und beschwor mich, sie in der Nacht noch – wann
auch immer – aufzusuchen, die Sache dulde keinen Aufschub,
und das Wohl und Wehe Palästinas hinge davon ab.

Gegen elf Uhr kam ich wirklich nochmals ins Hotel, sie hatte
auch auf mich gewartet, war aber vor Übermüdung auf einem
Stuhl in der Halle eingeschlafen. Am nächsten Morgen trafen

wir uns in einem Café. Nur zögernd konnte sich die Dichterin dazu entschließen, ihr Projekt preiszugeben.

»Wir werden alle ausgesorgt haben, wenn die Sache wird«, versicherte sie mir, »Sie werden Direktor, aber ich selbst muß immer noch entscheidende Stimme im Direktorium haben.«

Ich war mächtig gespannt. Nachdem ich tiefste Diskretion zugesagt hatte, begann sie:

»Wissen Sie, wie man das jüdisch-arabische Problem lösen kann? Es gibt nur einen Weg: Freude schaffen. Wir gründen einen Rummelplatz für Juden und Araber, den beide Völker besuchen werden und wo sie gemeinsam Reibepfannkuchen essen, Karussell fahren und Glückshafen spielen.«

Sie erging sich sodann in anschaulichen Schilderungen vor allem des Karussells und gab mir – vertraulich – Rezepte für die Reibepfannkuchen. »Über dem Eingangstor zum Rummelplatz aber muß stehen ›Für Gott‹«, schloß sie ihren mit unerhörtem Elan gehaltenen Vortrag.

Wir erwogen sodann die Möglichkeiten, den Plan – bei Wahrung der geistigen Urheberschaft – publik zu machen, und Else Lasker-Schüler wollte, daß wir sofort nach Zürich abreisten, wo der 21. Zionistenkongreß tagte. Dort wollte sie vor das Plenum hintreten und ihren Plan der Öffentlichkeit enthüllen.

Es gelang mir nur schwer, sie von diesem Vorhaben abzubringen. Wütend wurde sie aber, als ich ihr auseinandersetzte, daß auf dem Kongreß nur Delegierte sprechen dürfen. »Und *mich* wird man nicht sprechen lassen?« fragte sie gereizt und fügte abschließend hinzu: »... ich bin 'n Fürst.«

Einige Tage später erwähnte sie den Plan nicht mehr, und es hatte fast den Anschein, als sei die ganze Sache in Vergessenheit geraten ...

Das tiefste Wort über ihr rätselhaftes Wesen sagte die Dichterin selbst eines Tages ganz unvermittelt, als ein jovialer alter Herr, der sie noch aus Berlin kannte, auf der Straße in Jerusalem sie herzlich begrüßen wollte. »Wer sind Sie denn?« fragte die Dichterin, ihn mit ihren großen, scheuen Augen von unten her ansehend. »Ich kenne mich selbst nicht, wie sollte ich da Sie kennen?« ... und ließ den Verdutzten stehen.

Ich kenne mich selbst nicht war in ihrem Munde keine Phrase. Sie blieb sich tatsächlich selbst Geheimnis, was sich insbesondere in ihrer Beziehung zum eigenen Werk ausdrückte. Sie stand ihm nicht kritisch-wägend gegenüber, wie sonst ein Autor seinen Büchern. Sie lehnte jeden Wert-Unterschied zwischen ihren Schöpfungen kategorisch ab, da sie ihnen den Rang von Offenbarungen beimaß und einmal im Gespräch mit Martin Buber auch öffentlich den Offenbarungs-Charakter ihrer Dichtung betonte.

War sie so erfüllt von ihrer prophetischen Sendung, so darf man sie sich nicht etwa feierlich-pathetisch vorstellen. Im Gegenteil: sie sprach sehr salopp. Sie war schlagfertig und voll Humor [allerdings nicht mehr in der letzten Zeit]. Als ich sie einmal zum Abendessen einlud, nahm sie die Aufforderung gerne an und fügte hinzu: »Machen Sie Umstände, Butterbrot hab ich alleine.«

Zur Schande Jerusalems muß es gesagt werden, daß es nicht ganz leicht war, einen Vortrag der Dichterin in der Heiligen Stadt zu veranstalten. Die zentralen zionistischen und kulturellen Körperschaften der Stadt sahen ihre Aufgabe keineswegs darin, die größte lebende Dichterin des jüdischen Volkes in gebührender Weise zu ehren, ja, nur den Rahmen zu schaffen für einen würdigen Rezitationsabend.

So mußte von privater Seite dafür gesorgt werden, daß Else Lasker-Schüler vor den zahlreichen Verehrern ihrer großen Kunst ihre unverwelklichen Verse und ihre buntschillernden Geschichten lesen konnte. Rabbiner Dr. W. und ein Jerusalemer Buchhändler hatten einen hübschen Saal in Rechaviah gemietet, die Dichterin bestand darauf, selbstgeschriebene und mit dem Davidstern geschmückte Plakate in den Buchhandlungen der Stadt auszuhängen, und durch mündliche Propaganda waren alle Freunde der Dichtung benachrichtigt worden.

Die Vorlesung selbst war ein durchschlagender Erfolg. Alles Müde, Zerstreute, Gehetzte war von Else Lasker-Schüler gewichen. In einer husarenhaft verschnürten schwarzen Samtjacke saß sie in königlicher Würde am Vortragspult [natürlich las sie bei Kerzenlicht] und sprach mit großer Feierlichkeit die Gedichte, welche ihren Weltruhm begründet hatten. Sie las nach einer Art Ritus, oft begleitet von Glöckchen und einer Kinderorgel. Mit dem unvergeßlichen Gedicht »Mein Volk«, das anhebt:

Der Fels wird morsch, dem ich entspringe
Und meine Gotteslieder singe

begann die Rezitation. Die dichtgedrängte Hörerschaft folgte gebannt den sprachgewaltigen Visionen dieser echten Enkelin der Psalmisten. Nach einer halben Stunde ließ die Vortragende eine kleine Pause eintreten, und nun ereignete sich etwas, was die Zuhörerschaft auf eine harte Probe stellte. Abermals wurde es dunkel, abermals setzte sich die Dichterin an das Vortragspult und abermals begann sie:

Der Fels wird morsch, dem ich entspringe ...

Wir, die wir um ihre grenzenlose Zerstreutheit wußten, standen Höllenqualen aus. Sollte sie vergessen haben, daß sie dieses Gedicht vor einer halben Stunde rezitiert hatte, oder las sie gar noch einmal den ganzen ersten Teil des Programms? Zum Glück fiel es ihr aber doch noch rechtzeitig ein, daß sie mit der Wiederholung des soeben Vorgetragenen begonnen hatte, und so ging sie dazu über, ihre phantastische Schilderung Jerusalems aus dem »Hebräerland« vorzulesen. Freilich wirkte dieses Traumbild der Stadt hier – mitten in ihrer Alltagsrealität – ein wenig skurril,

67

aber der große Schwung und begeisterte Atem ihrer Dichtung half auch über diese Klippe hinweg.

Kurze Zeit nach dem Vortrag befiel die Dichterin große Unruhe. Die Aufführung ihres Stückes »Arthur Aronymus und seine Väter« machte ihre Anwesenheit in der Schweiz nötig, und so entschloß sie sich, die Abreise auf den 24. August festzusetzen. Nur ungern sahen wir sie scheiden, hatten wir doch gehofft, daß es möglich sein würde, ihr in Palästina ein dauerndes Heim zu schaffen. Verstimmt war sie auch darüber, daß die Ausstellung ihrer Aquarelle zum »Hebräerland« nicht den erhofften und verdienten Erfolg gebracht hatte. Überhaupt setzte ein Zustand der Überreiztheit ein, und die wenigen Tage vor der Abreise waren getrübt von einer oft grundlosen Haßentfaltung gegen die wohlgesinntesten Personen, die oft an Verfolgungswahn grenzte. Am meisten litt die Dichterin selbst unter diesem Zustand, ja sie schien fast dem körperlichen Zusammenbruch nahe, doch half ihre unerhörte Energie ihr auch über diese gefahrvolle Krise hinweg ...

Unablässig kreisten ihre Gedanken um Gott und Israel. In ihrer unpathetischen Weise konnte sie sagen: »Wenn die Juden sich nicht besser benehmen – sagen Sie selbst! –, erwählt sich Gott vielleicht ein anderes Volk!« Oder: »Wenn wir zusammen graben, stoßen wir vielleicht einmal auf Gott.«

Wenn sie dichtete – »meinen Bauplatz« nannte sie ihr Prosawerk – fühlte sie sich ganz als Gottes Kind. Aber wenn sie, in unproduktiver Einsamkeit, erschauernd das Alter spürte, konnte sie an Gott zweifeln und an seiner Gerechtigkeit verzweifeln.

Sie hatte Visionen, aber sie wußte nicht, von wem sie stammten. Sie war voll der *Ahnung* des Göttlichen, aber ohne die *Gewißheit* der Rechtgläubigen, die niemals so tief und leidvoll um die letzten Erkenntnisse gerungen hatten wie diese größte Dichterin, die das jüdische Volk in den zweitausend Jahren seiner Zerstreuung hervorgebracht hat.

Immer wenn ich von meinem Fenster aus die Sonne hinter den Hügeln Judas zur Rüste gehen sehe, ziehen mir die herrlichen Worte Else Lasker-Schülers durch den Sinn, mit welchen ihr Bibelgedicht »Sulamith« schließt:

Und meine Seele verglüht in den Abendfarben
Jerusalems.

Übergoldet vom Glanz ihrer Verse sehe ich das müde, zerstörte und dennoch hoheitsvoll-schöne Antlitz der Dichterin vor mir, die Peter Hille einst den »schwarzen Schwan Israels« genannt hatte.

SCHALOM BEN-CHORIN [1945]

Wir kannten sie aus ihren herrlichen Gedichten, Prosa und Drama, die einst eine ganze Zeit begeistert hatten, die Zeit des literarischen Expressionismus. Unter ihren Bewunderern befanden sich so wesensverschiedene Geister wie Karl Kraus, Peter Hille, Max Reinhardt, der Radierer Hermann Struck, Gottfried Benn. Ein weiter Weg führte sie von Elberfeld über Berlins Romanisches Café, das Café »Größenwahn«, nach Zürich und Jerusalem. Alle Wege führten für sie nach Jerusalem.

Vor etwa acht Jahren sollte ich ihr begegnen. Diese Begegnung war zutiefst erschütternd. In ihr offenbarte sich das dunkle Geschick einer begnadeten Dichterpersönlichkeit, der im Alter der schreckhafte Blick in den Abgrund nicht erspart blieb. Des gehetzten Menschen in der unheimlichen Verlassenheit, dessen allliebende Stimme dennoch tönen mußte für und für. Trunkenem Rausch und gläubigem Gottsuchertum trat erbarmungslos die Wirklichkeit entgegen.

Wir hatten sie zu einem Vorlese-Abend nach Haifa eingeladen. Wir waren sehr gespannt. Sie kam. Saß uns in einem Café gegenüber, angestrengt von der Fahrt. Musterte uns kritisch, mißtrauisch. Bald kamen wir ins Gespräch.

Uns gegenüber saß ein Mensch, der nicht dieser Zeit anzugehören schien. Ein Geschöpf, zierlich, klein, in seltsamem Aufputz. Über schmale Schultern fiel ein dreiviertellanges schwarzes Samtcape, von einer silbernen Sicherheitsnadel zusammengehalten. Auf dem Kopf saß ein kleines Leopardenmützchen. Schwarze lange Locken in wunderlichem Gemisch quollen darunter hervor. In schwarzweiß karierte knielange Tafthosen war Else Lasker-Schüler gekleidet. Von den Ohren baumelten große korallenfarbene Glasohrringe, die später mit giftgrün schillernden vertauscht wurden. Ein übergroßer rechteckiger Glasring leuchtete vom Zeigefinger der edel geformten Hand. Auf schwarzen Schuhen waren kleine Silberglöckchen befestigt.

Wir blickten in ein Gesicht, dessen Alter unerratbar schien. Es war beherrscht von glühenden Augen aus Kohle, von unbeschreiblicher Schönheit. Die Augen waren in ständiger Bewegung, leuchteten verwirrend und überhellten das verwitterte Gesicht mit unfaßbarer Jugend. Wir waren sprachlos. Vor uns saß ein leibhaftiger Kobold, entstiegen einem Märchen. Ein Kobold von unbeschreiblicher Grazie. Ein Kobold, der beim Erzählen – und wie konnte er erzählen! – von einem zum andern sprang, kicherte, ausfallend wurde, begütigend einlenkte, aufstrahlte und erlosch. Verschwenderisch streute Else Lasker-Schüler aus, was ihr Phantasie und skurrile Assoziation eingab, glitt unvermittelt in Trauer und Schmerz, dessen Echtheit fast körperlich weh tat, um flugs bezaubernd in einer Manier zu schauspielern, die Augen zu heben und zu senken, daß eine Duse sie beneidet hätte. Alle Gegensätze waren vereint, bezwingender Zauber und geheimnisvolle Dämonie schlugen entgegen. »Ich bin nämlich Else Lasker-Schüler«, herrschte sie uns an und streckte uns gleich die versöhnende Hand entgegen.

Wir fuhren mit ihr nach Hause. Tief unten streckte sich die Stadt Haifa. Else Lasker-Schüler blieb stehen, nahm das Bild in sich auf: die aufgebaute Stadt, das weite Blau des Mittelmeers, die wehenden Büsche, den sich ihr zu Häupten breitenden Karmel, überflutet vom Licht. Sie streckte den Arm aus, wies auf die Landschaft, nickte. »Heroisch«, sagte sie kurz und zwingend.

Wir betraten die Wohnung. Else Lasker-Schüler zog ihren kleinen Reisekoffer heran und packte aus, was sie an Andenken mit sich führte: einen Schal und ein Seidenjäckchen, die ihr einst Max Reinhardt geschenkt, Erinnerungen von Peter Hille. »Diese beiden Ringe«, sagte sie mit rührender Gebärde, »hat mir Arthur Holitscher aus Indien mitgebracht. Wollen Sie sie haben?« Sie drückte sie meiner Frau in die Hand. »Damals war

71

ich noch der Malik, Prinz Jussuf und Tino von Bagdad«, klagte sie. »Wer weiß es heute noch?« Ich widersprach. Sie wehrte ab. »Ich schrieb mein Preis-Gedicht ›Der Tibetteppich‹, und Jürgen Fehling führte mein Stück ›Die Wupper‹ auf. Ich fragte sie nach Peter Hille. »Das war ein Heiliger«, meinte sie ernst. »Kannten Sie Gottfried Benn?« Ich fragte sie, ob sie wisse, daß Benn sich gleichgeschaltet habe. »Ich habe davon gehört«, erwiderte sie und schüttelte den Kopf. »Ich kann es nicht fassen.« Ihr Blick war rätselhaft entrückt. »Welche Zeit«, sprach sie still, »meine Zeit ist vergessen, die Menschen sind schlecht geworden und undankbar. Ach, und mein Sohn Paul – –.« Sie sprach in guten Worten von der Schweiz und daß der Schweizer Konsul ihr Asyl angeboten habe. »Aber ich gehöre nach Jerusalem«, meinte sie energisch und strich sich ihr pechschwarzes Haar zurück. »Haben Sie übrigens die Kerzen zu meinem Vortrag besorgt? Ohne Kerzen lese ich nicht.« Ich versprach es ihr.

Dann kam der Abend. Der Saal war überfüllt, wurde verdunkelt, vor Else Lasker-Schüler brannten nur zwei Kerzen. Ihre Vorlesung war ein unvergeßliches Erlebnis. Draußen lag die Welt, wütete der Krieg. Hier aber, in einem kleinen Raum, vor einer ergriffenen Hörergemeinde, erhob sich der schöpferische Genius einer Weltliebenden, von Schmerz und Liebe zu singen im Wissen um Sehnsucht und Tragik des Menschengeschlechts, strömte und blutete das Herz einer Liebenden:

Auf einmal mußte ich singen –
Und ich wußte nicht warum?
– Doch abends weinte ich bitterlich.

Es stieg aus allen Dingen
Ein Schmerz, und der ging um
– Und legte sich auf mich.

Mehrere Male kam sie nach Haifa. Immer wurden die Abende zu unvergeßlichen Erlebnissen.

Else Lasker-Schüler hatte in Jerusalem eine Vortragsgemeinschaft »Der Kraal« gegründet, für den sie sich in rührender Weise einsetzte. Sie lud bekannte Wissenschaftler, Publizisten und Künstler zu Vorträgen ein, ließ aber auch weniger bekannte jüngere Dichter und Dramatiker zu Wort kommen. Stets trug sie selbst die Einladungen zu den Abenden aus. Etwas Indianertreues lag in der Freundschaft, mit der sie sich einsetzte. Sie schrieb kurz vor ihrem Tode einen Gedichtband »Mein blaues Klavier«, der zum Schönsten und Ergreifendsten der deutschen Lyrik gehört. Eine kleine Auflage wurde in Jerusalem gedruckt. Daneben beendete sie ein tollgespenstisches Stück »Ich und Ich«, das Hitler und Goebbels in der Hölle auftreten läßt ...

Einsamkeit und Krankheit löschten sie aus. Zu Beginn des Jahres 1945 starb sie. Sie ist auf dem Ölberg in Jerusalem begraben. Das jüdische Volk verlor seine größte Sängerin. Die deutsche Literatur die größte Dichterin seit der Droste. Aber ihre Freunde den treuesten Freund, den sie besaßen.

F. S. GROSSHUT [1950]

73

Zuerst begegnete ich ihr in dem langen, dämmrigen Korridor unseres Hauses. Als ich ihr den Friedensgruß bot, fragte sie: »Sprechen Sie vielleicht gerne über Literatur? Ich hasse Frauen, die über Literatur reden.« Ich verneinte lachend ihre Frage, und wir kamen einander nahe. Lange Winterabende verbrachte ich in ihrem Jerusalemer Zimmer – in dem ärmlichen, reichen Zimmer. Da war das kleine Tischchen und darauf die kleine Dochtmaschine, auf der sie ihre kargen Mahlzeiten zu bereiten pflegte, und daneben die Schreibmaschine, auf der sie wieder und wieder ihre Gedichte schrieb. Ein Glas noch – und darin Blumen – waren auf dem Tisch, Wasserfarben und allerlei Spielsachen. In einer Zimmerecke Waschgerät, eine Leine und darauf Wäsche. An der Wand der Spielzeugkasten – ihre Puppen, ihrer Hände Arbeit, und sie liebte sie sehr. In diesen Puppen gestaltete sie die Helden eines der Kinderspiele, die sie gedichtet. Und vielfältig waren die Spielsachen in dem Kasten und in musterhafter Ordnung. Stunden konnte sie davor stehen, sie ordnen, ihnen lustige Melodien summend und die Geschichte eines jeden der Spielzeuge erzählend. – In einer anderen Zimmerecke wieder: geschlossene Koffer. In ihnen ihre Schätze, ihre Werke … Kein Bett war in dem Zimmer; ein Liegestuhl nur, über den eine bunte Decke gebreitet; und ein Püppchen, ein kleiner schwarzer Kobold, nistete darin. »Dies ist mein Talisman«, sagte sie darauf deutend, »mein treuer Begleiter durch viele Jahre.« An einer zweiten Wand – feierlich – ein breiter Leinenstuhl, davor ein kleiner Teppich. Dies war der Platz, dem König David bestimmt. »Auch in Berlin pflegte er zu mir zu kommen« [ihre glänzenden Augen auf den Stuhl richtend]. »Dort war er groß, überlebensgroß! Die Decke hob sich, wenn er eintrat … Aber hier – irgendwie ist er hier kleiner von Gestalt – es ist, als wenn er menschlicher, näher wäre.« Und ihre herrlichen Augen leuchteten. Viel erzählte sie über ihre Gespräche mit David, dem König, den sie liebte.

Ihren Tag pflegte sie mit den Tauben zu beginnen, die unter ihrem Fenster ihren Schlag hatten. Jede Taube war von ihr mit einem Namen benannt, und sie fütterte sie mit Brosamen von Biskuit und Schokolade. Jenseits der Türe hörte man ihre Gespräche mit den Tauben: »Du brauner Vielfraß, friß doch nicht so viel, meine Gage reicht nicht für mehr, das ist alles, was ich habe. Wenn sie dann die Türe öffnete, kam ein Guten Morgen, das den dunklen Gang mit Licht und Wärme füllte. Sie bat um ein Glas gekochtes Wasser mit Entschuldigung und Dank und verschwand. Morgens sprach sie nur wenig zu den Mitbewohnern, hingegen unterhielt sie sich gerne mit den Blumen im Hofe. Und einmal, als die ersten Berichte über die finsteren Untaten Hitlers kamen, erhob sie, auf der Treppe stehend, ihre Augen: »Daß jetzt noch die Blumen blühen!!« und stieg beschwerten Schrittes hinunter zur Straße. – Einmal fand ich sie, einer Ameise den Weg freigebend, mit liebevollem Ernst, wie zu einem Mitgeschöpf: »bitte« ... An einem Morgen gingen wir zusammen auf die Gasse. Plötzlich verschwand sie, kam wieder mit einem Päckchen, das mit einem rosa Bändchen verschnürt war, näherte sich dem Bettler, der in der Ecke stand und überreichte ihm das Päckchen, wie man eine Blume überreicht – »bitte«. Einen Augenblick zögerte der Bettler, dann öffnete er vorsichtig das Päckchen, und ein leises, gütiges Lächeln breitete sich über sein Gesicht, als er behutsam den Kuchen an den Mund führte. Sie kam zu mir zurück: »In Jerusalem sollten keine Bettler sein«, und mit dem ihren Augen eigenen Seherblick fing sie an, vor mir das Bild *ihres* Jeruschalajim« aufzurollen. – Wieder an einem Tage hörte ich ein Weinen aus ihrem Zimmer, und als ich eintrat, erzählte sie mir tränenschwer: »Dieser Schuhputzer an der Ecke, dessen Kind, das immer mit ihm war, ich oft Bonbons gab, war heute allein und so traurig. Ich fragte und erfuhr: das Kind ist tot – Typhus …« Und dann sprach sie mir von ihrem einzigen Sohn. Sie sprach über das Bohèmeleben, das er führte, sprach von sich selbst, wie sie nicht verstanden hatte, Mutter zu sein und ihn zu behüten, erzählte von seinem Sterben und weinte bitterlich.

Einmal geschah es, daß ein Freund von ihr, ein arbeitsloser Klavierkünstler, für den sie in Jerusalem ein Konzert arrangiert hatte, durch ein Auto verletzt wurde. Sie brachte ihn in ihr Zimmer, bettete ihn auf ihren Liegestuhl und schlief selbst auf dem Fußboden. Es waren gerade die schweren Winternächte in Jerusalem, und sie besaß keinen Ofen. All meine Bitten, sie möchte doch in meinem Zimmer schlafen, halfen nichts. »Es schläft sich gut am Boden, wenn man sein Bett einem Menschen gibt.« Sie pflegte den kranken Freund Tag und Nacht, und erst als nach einigen Tagen der Zustand sich besserte, brachte sie ihn zu Freunden nach Tel Aviv.

Einmal trat ich in ihr Zimmer und erkannte ihren Tisch nicht – er atmete Feiertag: eine weiße Decke, Blumen, Süßigkeiten. In schwarzen Samt gekleidet, erwartete sie einen Gast. Es war dies ein junger, hungernder Dichter, den sie zum Abendessen eingeladen hatte. Hilfe annehmen wollte sie von keinem. Das einzige, was sie gerne von Freunden annahm, war Spielzeug.

Tagsüber arbeitete sie viel. Nachts ging es nicht, denn ihre Sehkraft war geschwächt. In den Nächten, da Jerusalem verdunkelt war, war ihr Fenster das einzige, aus dem Licht strahlte. Und wenn Aufseher kamen, sie auf das Ungehörige aufmerksam zu machen, lud sie sie ein und bewirtete sie, indem sie ihnen ihre Gedichte in englischer Übersetzung vorlas. Einmal geschah es, daß einer dieser Leute, ein junger englischer Soldat, an meine Türe klopfte und voller Begeisterung sagte: »Es wohnt hier mit Euch eine große Dichterin, Ihr müßt lieb zu ihr sein und auf sie achten!«

Vieles erzählte sie mir über ihre Dichterkameraden, Freunde, mit denen sie verbunden war bis zu ihrer letzten Stunde. Über ihr Liebesleben sprach sie, in dem Licht und Schatten verwoben waren, über ihren Vater, der ihren Geist verstand, als sie noch ein wildes, ungebändigtes Kind war, über ihre wilden Eskapaden, die sie gemeinsam in ihrem Städtchen ausführten, über die Mutter und die Schwestern und über ihre phantastischen Romane.

Sie hatte ihre eigensten, vielfachen Feiertage, Gedenktage an Menschen, die ihr teuer und die nicht mehr waren. Dann schmückte sie ihre Bilder mit Blumen und Lichtern. Als die Nachricht von Stefan Zweigs Selbstmord eintraf, war sie tagelang aufgewühlt und traurig. Murrend ging sie herum: »Nur einen Augenblick ... einen Augenblick nur noch ... im nächsten hätte er es ja nicht mehr getan!«

Immer, immer war sie in jemanden verliebt, erwartete ihn, sehnte sich nach ihm, schmückte sich für ihn, schmückte das Zimmer zu seinem Empfang, war eifersüchtig und haßte die Frauen, die sie verdächtigte, daß sie sich ihr in den Weg stellten. Sie schrieb *ihm* Liebeslieder und durchlebte all die Empfindungen einer Achtzehnjährigen. Als ich sie einst in einem dieser Zustände sah, fragte ich: »Wie alt sind Sie eigentlich?« Worauf sie mit großem Ernst erwiderte: »Achtzehn – und zweitausend!«

Einmal besuchte uns der Dichter Kariw, und ich ersuchte sie, ihm ihre Gedichte vorzulesen. Sie stimmte zu. Sie erschien bei uns in Samt und Seide, ihr Haar frisiert, und Ohrringe – die Holzringe, die sie in Bethlehem gekauft und hellblau gefärbt hatte, als sie liebte – schmückten ihre Ohren. Ihren Hals umwand eine braunfarbige Glasperlenkette, und die Augen strahlten in ihrem edlen Gesicht. Sie setzte sich und bat, wir möchten entfernt von ihr uns auf dem Teppich niederlassen. Leise las sie mit ihrer tiefen, bewegten Stimme und war wie eingehüllt in ihr Lied. Ihr Fuß, den sie etwas über den Fußboden erhöht hielt, blieb unbewegt bis zum Ende der Vorlesung – drei Stunden lang. Sie glich einer schwingenden Saite, erzitternd in Heiligkeit, Weh und Glück! Und erst als sie aufhörte zu lesen, setzte sie den Fuß nieder, und ihre Augen kehrten aus Weltenfernen zurück. Als ich ihr am nächsten Tage sagte, daß Kariw ihre Gedichte ins Hebräische zu übersetzen wünsche, sagte sie staunend: »Aber sie sind doch hebräisch geschrieben!« und verbot eine Übersetzung.

War sonniges Wetter, so lachte sie und war voll Humor. Wintertage stimmten sie traurig und weckten ihre Sehnsucht nach Heimat und Freunden. Als ich sie das letzte Mal in Jerusalem besuchte, fand ich sie krank. Fieberglühend lag sie im Lehnstuhl – ihrem Bett ... Das Zimmer sah verlassen aus, die Blumen welk, das Geschirr war ungewaschen. Es war schon um die Mittagsstunde, und sie hatte noch nichts gegessen. Ihr Herz war verbittert und sie sagte:

»Dieses Jerusalem, um dessentwillen ich als Kind schon mich mit meinen Freundinnen überwarf und um das ich aus der Schule gejagt wurde, diese Stadt, die ich so besungen habe – ein Heim habe ich nicht in ihr ...«

Nach Kriegsende wollte sie in die Schweiz – ins Tessin –, dort wußte sie ihre Freunde und wußte gläubigen Herzens, daß sie erwartet wurde. Im Tessin sollte das Leben neu anfangen, und es sollte ein interessantes Leben werden. Sanft legte sie ihre Hand auf die meine: »Dich werde ich mitnehmen ins Tessin«, und ihre Augen erstrahlten in Jugendlichkeit. Sie streifte ihren Ring ab und gab ihn mir. Es war ein Blechring mit einem farbigen Glasstückchen darin. Ich wußte, was dieser Ring für sie bedeutete und sagte ihr:

»An Ihrem Finger ist das doch ein Edelstein, und an meinem Finger wird es ein Glassplitter – schade!« Sie lachte und küßte mich ...

Ich habe ihre Augen nicht mehr lebend gesehen. – Ich kam zu ihrem Begräbnis. Sie lag einsam, schön und ruhig im Angesicht der Berge von Jerusalem. Nur der junge Dichter, den sie liebte, saß an ihrer Seite.

Sie wurde zu Grabe getragen auf den Schultern derer, die mit ihren Liedern herangewachsen waren – und wie sonst Psalmen, wurden auf ihrem letzten Wege Verse aus ihren Gedichten gesagt. So fand die große Dichterin ihre letzte Ruhe in ihrem Jeruschalajim.

RACHEL KATINKA [1950]

... heute früh um 10 haben wir unsere Tino begraben. Ich hatte keine Möglichkeit, Sie noch rechtzeitig zu verständigen. Auch Ihren wunderschönen Brief konnte ich ihr nicht mehr geben, da sie seit Tagen ohne Bewußtsein war.

Man hatte sie am 16. abends um 11 in die Hadassa eingeliefert, nachdem sie einen sehr schweren Herzanfall erlitten hatte. Ich erfuhr erst am 17. spät nachmittags, daß sie so plötzlich erkrankte. Vom 18. ab war ich täglich Vor- und Nachmittag mehrere Stunden bei ihr. Die letzten beiden Nächte und Tage habe ich sie dann nur noch vier Stunden allein gelassen; ich brachte es nicht mehr übers Herz, von ihr wegzugehen.

Sie hat entsetzlich gelitten. Das Herz wollte nicht nachgeben. Trotz starker Morphiumdosen erfolgten die Anfälle in Abständen von zehn Minuten. Erst am Montag gegen 5 Uhr morgens wurde die Atmung ruhiger. Die letzte M-Spritze brachte ihr dann die ersehnte Erleichterung. Um 7 Uhr 25 morgens hauchte sie buchstäblich ihr Leben aus, sehr leise, ohne Kampf und in großer Ruhe. Die beiden letzten Nächte waren nur ihr Freund Andreas Meyer und ich bei ihr. Als sie starb, war ich als einziger bei ihr. K. hatte vorher die ganzen Tage bei ihr zugebracht und ihr, soweit es möglich war, geholfen. Tino litt an einer Angina Pectoris, die zu einem Infarct geführt hatte. Eine Thrombose, der noch eine Urämie vorangegangen war, hat dann zum Tode geführt.

Ich habe ihr, wenn sie für Sekunden ihr Bewußtsein wiedererhielt, gesagt, daß Sie sie grüßen lassen und zu ihr kommen werden. Auch K. hat ihr etwas Ähnliches gesagt, um ihr zu zeigen, daß sie nicht allein ist.

Die Beerdigung war so würdig, wie es zu erwarten war. Ungefähr sechzig Leute erwiesen ihr das, was man so die letzte Ehre nennt.

Der Rabbiner Wilhelm sprach ihr Gedicht »Ich weiß« aus dem Blauen Klavier. Gerson Stern sagte das Kaddisch.

K. legte als einzige auf ihr Grab wenige schöne Blumen. Und dann gingen alle zur Tagesordnung über ...

Es ist eine Maske vom Gesicht und von den Händen abgenommen worden. Eine Zeichnerin hat einige Porträts versucht. Hoffentlich ist die Maske gelungen.

Ich bin todmüde und wie zerschlagen ... Für heute nur diesen traurigen Gruß

Euer W.

Anmerkungen zu den Gedichten

9   AN MEINE FREUNDE
zuerst im Anschluß an das Prosastück
Das heilige Abendmahl (Konzert, 1932 Rowohlt, Berlin)
   7 Schon im Gespräch mit euch, *himmlisch Konzert*
   8 *Ruhe ich aus.* (Konzert)
 18 Ich möchte innig mit euch *zungenreden*, (ebd.)
 20 Sich die Liebe mischt mit *unserm* Wort. (ebd.)

14   AN MEIN KIND
späterer Titel: *Mein Kind*

24   DIE TÄNZERIN WALLY
Titel einer früheren handschriftlichen Fassung:
Charlotte Bara (Kupper)
Widmung: *Dem Doktor Rütters*

25   ABENDZEIT
nach der letzten Strophe ursprünglich noch eine
weitere, die in zwei Fassungen erhalten ist:

Und weiß es nicht, ob meine Mutter mein ...
Es war, die mir erschien im lichten Engelkleid ...
Bald ruht mein Herz zeitlos im Immersein ...
Geweihter Talisman für alle Ewigkeit.

(in der von Klaus Mann herausgegebenen Zeitschrift
»Die Sammlung«, Amsterdam, Oktober 1933)

Und weiß es nicht, ob meine Mutter mein
Es war – weit hinter allen Welten weit,
Am Himmel hoch im Heiligenschein! – ... – ...
Bald liegt mein Herz in ihrem Immersein
Ein Talisman für alle Ewigkeit.

(Handschrift im Nachlaß)

28 DIE VERSCHEUCHTE
Titel einer früheren Fassung mit Varianten:
Das Lied der Emigrantin
Der Erstdruck (1934) mit folgender zusätzlicher
Schlußstrophe:

Und deine Lippe, die der meinen glich,
Ist wie ein Pfeil nun blind auf mich gezielt ...

30 ICH LIEGE WO AM WEGRAND
Widmung: *Treulosen Freunden*
frühere Fassung in 5 dreizeiligen Strophen:

Ich liege wo am Wegrand übermattet –
Und über mir die finstere, kalte Nacht,
Und zähl schon zu den Toten, längst bestattet.

Wo soll ich auch noch hin von Grauen überschattet?
– Schutzengel haben nur auf Kinder acht.
Doch glaubt ich, daß ihr Menschen lieb mich hattet.

Die ich vom Monde euch mit Liedern still bedacht,
Und weite Himmel blauvertausendfacht.
Nur weil ihr Gott zur Ehre alles tatet.

Die heilige Liebe, die ihr blind zertratet,
Ist ja Sein Ebenbild –! Ihr habt es umgebracht.
Zu dem ihr herzhinpochend einst wallfahrtet.

Darum auch lebten du und ich in einem Schacht,
Und – doch im Paradiese blumumblattet –
Und wir erlagen holdversunken schwarzer Magiermacht.

34 HERBST
eine frühere Fassung ohne Überschrift als Abschluß
des Prosastücks *Ernst Toller* (Nachlaß);
ohne Varianten (außer in der Interpunktion),
jedoch um eine Schlußstrophe verlängert:

Bald rosten alle Blätter der Alleen ...
Und viele ihrer Früchte faulen auf den Seen.

40 ABENDS
frühere Fassung unter dem Titel *Herbst* (1932),
mit einer zusätzlichen Schlußstrophe:

Stürmische Wolkendepeschen
Erschrecken den Weltenraum;
Und die Beeren der Ebereschen
Die winzigen Monde am Baum.

43 UND
ursprünglicher Titel in einem Manuskript
im Besitz von Werner Kraft:
Hebräisch Volkslied. Auf der Cymbel zu singen.

56 ICH SÄUME LIEBENTLANG
Titel in einem Manuskript aus dem Besitz
von Werner Kraft: *Der Apostel und die Dichterin*

57 AN MICH
Vgl. die Strophe *Meine Freiheit* aus dem Nachlaß.

Meine Freiheit
Soll mir niemand rauben.

Sterb ich am Wegrand wo,
Liebe Mutter,

Kommst du und hebst mich
Auf deinem Flügel zum Himmel.

Ich weiß dich rührte
Mein einsam Wandeln

Der spielende Ticktack
Meines Kinderherzens.

85

Inhalt

Lizenzausgabe für die Büchergilde Gutenberg,
Frankfurt am Main, Wien
Mit freundlicher Genehmigung der
Kösel-Verlags GmbH & Co., München

Für die Gedichte:
Else Lasker-Schüler, Gesammelte Werke in drei Bänden
Band 1 Gedichte 1902 bis 1943. Herausgegeben von F. Kemp
© 1990 by Kösel-Verlag GmbH & Co., München

Für die biographischen Aufzeichnungen:
Else Lasker-Schüler, Dichtungen und Dokumente
Herausgegeben von Ernst Ginsberg
© 1951 by Kösel-Verlag GmbH & Co., München

Für den Beitrag ›Prinz Jussuf in Jerusalem‹:
© Schalom Ben-Chorin, Jerusalem

Die Gestaltung dieser Ausgabe übernahmen
Brigitte und Hans Peter Willberg, Eppstein.
Der Text wurde aus der Centaur (Monotype)
im Bleisatz gesetzt und im Buchdruck
auf 135 g holzfrei gelblich Büttenpapier
von Cartiere Enrico Magnani in Pescia/Italien
von SchumacherGebler, München, gedruckt.
Die Bilder von Lieselotte Schwarz druckte
die Offsetdruckerei Paul Robert Wilk, Friedrichsdorf.
Die Bindung besorgte die Großbuchbinderei
Monheim GmbH, Monheim.
Printed in Germany 1992. ISBN 3 7632 3950 2